풀시
- 풀씨의 꿈 -

- 풀씨의 꿈

초판1쇄 발행 2021년 09월 22일

지 은 이 김두기
펴 낸 이 박선해
펴 낸 곳 도서출판 신정

주소 경상남도 김해시 우암로 36. 뜨란채 아파트 311동 1004호
전화 010 - 3976 - 6785
전자우편 alkong3355@naver.com
출판등록 김해, 사00008. 2020년 9월 22일

ISBN 979-11-974171-9-1 (00810)

정가 6,500원

*이 책은 저작권법에 따라 보호받는 저작물이므로 무단전재와 무단복제를 금지하며.
 이 책 내용의 전부 또는 일부 내용을 재사용하려면 사전에 저작권자와 도서출판 신정의
 동의를 받아야 합니다.
* 잘못된 책은 교환해 드립니다.

* 갬치〈호주머니의 경상도 서부 경남 지역 방언으로
  줌치, 개줌치, 겟주머이 라고도 함.〉 외래어로는 〈포켓〉
  일본식 발음으로는 〈보겟또〉

| 김두기 시인의 캠치 시집 |

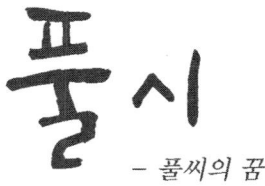

- 풀씨의 꿈

도서출판 신정
창립 1주년 기념 특선 시집

도서출판 신정

나의 시가 그대 눈길 잡고
나의 시가 그대 마음 잡는다면
나는 시속에 시로서 만족 하겠습니다

시 한 편으로 시를 노래하는 시인이고 싶습니다

해 뜨고 해 질 때 시 한 편 쓰다
시속에 빠져 죽으면 행복하겠습니다

헛된 이름의 시인이 아닌
진짜 시 쓰는 시인으로
시를 유언으로 남기면 좋겠습니다

아직 쓰고 싶은 시를 모조리 다 쓰지 못했지만
시를 쓰다가 죽는다면 축복받은 시인이 아니겠습니까!

차례

- ◆ **풀씨의 고백**告白
- ◆ **두기의 자백**自白
- ◆ **이방인의 독백**獨白

- ■ 한두 계절을 살고 풀씨가 되었겠는가!
  | 저자 **김두기** ············· 62

- ■ 샘물서평 | **차용국**
  풀씨, 현실과 꿈의 이중주
  – 김두기 시인의 『풀시–풀씨의 꿈』을 찾아 ·········· 64

- ■ 발행인의 말 | **박선해**
  풀씨의 꿈을 아시죠? 그 마음을...
  – 풀시, 김두기 시인의 갬치 시집 ·············· 68

꼭, 사랑이
이루어 질 것이라는
보장은 없었지

꼭, 이루어 질 것이라는
여린 마음하나로
바람이 불면
당신에게
몸을 던지며 달려갔지

작은 손으로 기도하면서
당신의 가슴에
나의 희망이 이루어지길
정성스럽게 품속으로 파고들었지

나의 작은 영혼하나로
당신이 웃을 수 있다면
내 사랑은 정말 행복해지는 거지

              풀씨의 고백

아마 오래 전부터
정해진 운명이었는지도 몰라
당신을 사랑해야 되는 일이

바람이 세차게 불면 난
당신에게
내 사랑을 고백하고 말거야

고개 살짝 숙인
풀씨의 가슴으로
꼭
꼭
고백하고 말거야

두기의 자백

허공을 날아서
그대에게 가고 있어요
막막하기만 한 길을

그댄 잘 있겠죠
저의 자리를 조금 남겨 놓았음 좋겠어요

비록, 바람 따라
떠도는 몸이지만
제 마음은 그대만을 생각해요

힘겨운 세상살이지만
당신 곁에 가면
꽃으로 피어날 수 있다는 꿈 하나
때론 빗물에 둥둥 떠내려가도
당신 곁에 가야 한다는
마음 하나는 변함없어요

                풀씨의 고백

작은 풀씨로
태어난 것이 때론
원망스러울 때도 있겠지만

지울 수 없는
가슴속 사랑이 있기에
힘들지만
참을 수 있어야 해요

제가 당신을 품에 안으면
줄기가 되고 잎이 되고
꽃이 되어
죽도록 사랑하며 살아가요

아시겠죠? 제 마음을...

                       두기의 자백

나는 늘
떠날 수 있기에
새롭게 시작하지요

굳이
꼭 갈 곳을 정해놓은 곳 없어도
갈 곳은 너무나도 많아요

바람이 가는 곳이라면
아무리 험악한 절벽이라도
새롭게 시작할 수 있어요

한 생을 살면서
하고 싶은 일들을 모두 다 하지 못하지만
지금 하고 있는 일이
꽃으로 피어나는 일이지요

                풀씨의 고백

너무 조용하다고
너무 작다고
할 일을 못 하는 게 아냐
내게도 주어진 생의 기쁨이 있음을
사람들은 잘 알지 못하지만
결코 섭섭하게 생각질 않아

작은 것에서부터
시작하는 법을
이미 오래 전부터 알고 있었던 거야

한 생을 피어 올려야 하는 삶이기에
아픔이 찾아오는 것도
두려워만 할 일이 아냐

그러기에 난
날마다 떠나가고 있지

    두기의 자백

잡초처럼
푸른 등뼈에
비바람을 짊어졌고

이제 서서히 곁을 떠나려 하네요

못 다 이룬
삶의 꿈을 대신 가슴에 새기고
황량한 사막이나
금방 굴러 떨어질 것 같은 절벽에 가더라도
이루겠지요

좀 더 넓은 곳으로 보내기 위해
모든 것을 인내하고
좀 더 강하게 만들기 위해
엄하게 절 가리킨 것임을 알아요

     풀씨의 고백

이제 마음을 내려놓으세요
그 무거웠던 짐들을

바람이 불면
당신이 바라시는 풀씨가 되어
씩씩하게 나가겠습니다

그리하여

세상 곳곳에 당신이
정말 위대하였다고 말하겠습니다

사랑합니다
아버지
어머니

                두기의 자백

이제 조용히 바람 따라 가렵니다

인연이 손잡아 주는 그곳으로
살아오면서 내세울 것은 없었지만
열심히 푸르게 살았습니다

이름 모를 꽃들과
심줄 툭툭 불거진 나무들과
어우렁더우렁 잘 살았습니다

머리 위로 지나가는 구름에게
살아온 이야기도 실려 보내고
바람과 함께 노래도 하면서

그렇게 살았습니다

                    풀씨의 고백

한세상 살다
가볍게 갈 수 있는 것에
감사하면서

인연이 손잡아 주는
그곳에서도
열심히 살겠습니다

이 몸은 가는 것 같지만
어느 누구의 가슴에
남겨지는
사랑이 되겠습니다

참 아름다운 세상입니다

두기의 자백

오늘 내가 당신 곁을 떠나고
내일 다시 못 돌아올지 모르더라도
당신을 사랑했던 마음마저 잊을 수 있겠습니까

언젠가는 말하겠지요
당신 곁에서 아름다운 꿈꿀 수 있었던 시간을

하지만 시간이 너무 많이 지나
당신을 잊어야 한다면
사랑했던 당신 모습을 지워야 한다면

사랑한다는 말만은 가슴 깊숙이
숨겨놓겠습니다

풀씨의 고백

당신을 잊을 수는 없는데
세찬 비바람들은 날 당신 곁에서 멀리
떼어놓으려고 계절을 마구 흔드네요
당신에게 아직 하지 못한 말 많은데
전부 하고 가야하는데
어느새 시간은 기적소리 울리고
이제는 떠나야할 작별의 아쉬움은
가슴에 이루지 못한 사랑만 가득 쌓여 가요
내년 봄이면 다시 당신 곁으로 돌아와
이 가슴에 쌓인 사랑의 말을
푸르게 푸르게 하겠습니다
그동안 내 사랑을 받아줄 가슴을
넓게 준비해주세요
그때까지 너무 외로워하지 마세요

그때까지만...

두기의 자백

세상 어딘가에
내가 푸르게 육신 일으키고
살아갈 곳을 찾습니다

눈이 내려 내 몸이 얼어버린 체
들녘에 누워 있더라도
캄캄한 밤이 날 누르고 있더라도
멈출 수는 없어요

작은 풀씨의 창가에는
늘 희망 같은 꽃잎이 보이고
언제나 켜놓은
작은 촛불이 일렁입니다

풀씨의 고백

어제는
폭설 속에서도
환하게
꽃망울 맺은 체 노래하는
동백꽃을 보았지요

나도 그러하겠지요

지금 나의 자리를 찾지 못했지만

세상에 태어난
행복한 운명이기에
추운 계절을 참으면서
찾아 갈래요

두기의 자백

풀씨로 살아가기에는 너무 힘이 들었죠

비바람에 상처가 나고
갈 길은 진흙탕으로 변해 보이지 않고
너무 힘들어 길바닥에서 흐느껴 울어도 보고
갈증에 폭설로 목축이기도 해보고
그렇게 끝없이 살아오던
생의 무거움에 지쳐
한강철교 위에서 풍덩 뛰어내릴 생각도 해보고
그런 세상이 너무 힘이 들었죠

하지만 제게 주어진 푸른 운명을 생각하며
시간 속에 녹아드는 차가움을 느끼며
이제는 용기를 내고 있어요

풀씨의 고백

상처가 깊을수록
새살이 차는 것에 감사합니다

푸른 꿈속에는 생명의 소중함이
새록새록 돋아나네요

서로 어울려 살아가는 사람들처럼
대지 위에 뿌리를 내리고

서로 낯 익은 얼굴과 함께
푸른 잎사귀 피어 올려
잡초라고 이름이 불릴망정

난 살아갈래요

두기의 자백

육신은
허공을 훨훨 날아
바람 따라 간다네

바람이 정해주는
그 어느 곳에서
자리를 잡아
새 삶을 시작 한다네

돈도
빽도
없는 세상에서

서럽게 내리는
그 빗물의
흐느끼는 소릴 들으면서...

                이방인의 독백

자꾸만 들려오는
어지러운 세상 이야기에
눈앞이 희미해지고

겨우 옆에 자리를 잡았던
풀씨 하나가
견디지 못하고
자살한 안타까움에

소리 없이 울며
그 풀씨의 삶까지
살아가려고
악착스럽게
풀씨의 자리를 지키며
새싹 피어 올리도록 살아간다지

이방인의 독백

우리 서로 만나
푸른 몸짓으로 사랑할 수 있다면
풀씨로 살아가도 원망을 하지 않을 텐데

우리 서로 만나
진흙탕이던 절벽이던 사랑할 수 있다면
어떠한 괴로움 견딜 수 있을 텐데

하지만 지금 세차게 불어오는 바람은
누가 만들어 낸 것인지

서로 사랑한다면
그 바람조차 사랑하며 살아가야 하는 것이
아닐까

풀씨의 고백

검은 뭉게구름 뒤를 따라오는
물줄기들은
사랑을 하지 못하는 마음을
씻어주려고 오는 것인지

잡초 씨앗이라고 불러도 좋고
그냥 풀씨라고 불러 주어도 좋다

서로 사랑을 멈추지 않으면
마음속에도 사랑의 호수가 반짝거릴 것이고

나무와 새들조차
품속에 안겨 사랑하지 않겠는가

두기의 자백

문을 나서면 반기는
그 무엇보다 온몸을 흔들려고
먹구름의 날카로운 창들이 길을 막아
또 한 번 굳게 마음먹어야 하지

조심스럽게 첫발 디디면서 얼마나 당황 했던가
오로지 푸른 잎새 피어 올려야 하는
삶의 숙제
풀씨는 저 혼자 문을 나서야 하지

불어오는 바람 속에서 모로 누워 가더라도
뿌리를 내려야 한다는
절박한 시간을 잘 타이르고 달래야 했지

바람처럼 달려 왔다 사라지는 시간소리
깊숙이 거두어 들여
풀씨의 시간으로 만들어야 했네

              풀씨의 고백

이제 좀 더 멀리
더 넓은 곳으로 걸어가서
푸른 세상을 만들어야 하겠지

그리고 풀밭에
푸른 생명하나 새롭게
탄생시켜야 하겠지

그 과정이 괴로워 눈물이 나더라도
푸른 풀씨의 노래는
상큼하게 세상을 위로하고 있지

조용히 걸어서
땅 끝까지
말이야

두기의 자백

사랑하는 사람이
못 견디게 그리워 길을 나섭니다

뜨겁게 내리는 태양 아래로
이 몸이 버쩍 말라 가도
그리움만은
더욱 더 흥건하게 젖어옵니다

당신의 맑은 눈동자가
길의 이정표처럼
절 인도하고 있습니다

잘 드러나지 않는 풀씨지만
사랑은 가슴 가득
차오르는 기쁨인 것을

           풀씨의 고백

당신에게 한 걸음
또 한 걸음
설렘으로 가고 있는
마음은 행복의 향기가 은은하게 퍼집니다

당신을 가슴에 담고
당신만을 위해 열린 가슴은
당신이 보고 싶어 당신만을 생각합니다

풀씨 하나인
당신을 사랑할 수 있다는 것을...

두기의 자백

이 척박한 곳에서
푸른 숨결 한 가닥 쉴 수 있는 것에
감사할 때가 있습니다

작은 풀씨로 살아가는 일은
결코 쉬운 일은 아니지만

이렇게
한줌의 하늘과
한줌의 바람과
하나의 별과 그리고 달과
태양을 보면서

함께 할 수 있다는 것은
푸른 잎사귀를
피어 올릴 수 있다는 희망이 있기 때문입니다

풀씨의 고백

가진 것이 없는 것 같지만

자세히 살펴보면
많은 것을 가지고 있는 것입니다

이것을 알고 난 후

풀시로 살게 해주신
그 분께
감사의 기도 올립니다

두기의 자백

바람에 실려
여기까지 왔습니다

왜 왔냐고 묻지 마세요

내 인연이
머물러야 하는
이곳,

이왕 왔으니

서로
어울려 살고 싶어요,

풀씨의 고백

비록
한줌도 안 되는 삶이지만

이곳에서
행복의 푸른 숨결 나누어 주고 싶어요

거짓 없는 사랑과
거짓 없는 몸짓으로

내 인연이
행복해하는 날까지

이곳에
뿌리내리고 살아갈래요

두기의 자백

어제 내린
비바람에
온몸이 젖어
참으로 괴로웠습니다

아직 뿌리도
내리지 못했는데
하지만 온몸에
힘을 꽉 주고 견디어내야 했습니다

오늘은
비가 그치고
어제까지 딱딱해
뿌리를 내리기 힘들었던 땅이
말랑말랑해져
그렇게 비가
온 이유를 알게 되었습니다

풀씨의 고백

아마 시련을 견디고 나면...

이렇게 뿌리를 내리도록
할 수 있게 하기 위함이었나 봅니다

이젠 견딜 수 있습니다

그 어떤

괴로움도

두기의 자백

바람은 언제나 허락도 없이
이름 모를 곳에 날 데려 갔지요

지독한 감옥 같은 곳
막막한 바닷물에
사방천지가 낮과 밤을 구별할 수 없는 곳

힘이 없어서
가진 것 없어서
바람의 힘에 밀려서

홀로
풀씨의 꿈을 꽉 부여잡고
비에 젖어 눈물이 나와도
여린 목숨 속에 지니고 있는
풀의 생명을 피우기 위해

훅하면
날아갈 것 같은 현실에서
아픔은 있었지요

                    풀씨의 고백

이제는
뿌리도 내렸고
줄기도 만들었으니

바람에
날아가지 않는 뿌리가
단단하게
흙 속에 집을 지었지요

더는
울지 않아도
바람을
미워하지 않아도 되는

그대로 나는 뿌듯합니다

두기의 자백

들판에서 살다가

어찌하여

도시 콘크리트 담 벽
틈 사이에
둥지 틀게 되었습니다

하루하루

너무 외로워

불어오는 바람에
들판의 소식 물어보며
눈물도 흘렸습니다

　　　　　　　풀씨의 고백

함께 하늘을 바라보던
친구도 잘 있는지
날 살게 해준
풀 잎사귀 부모님께서도 무고하신지

설핏 들리는
소문에 장마로
그 들판이 물에 잠겼다고 들었는데
모두들 무사하신지

콘크리트 담 벽에 끼여
오도 가도 못하는
현실에
멀리서나마 잘 지내시길 기도해봅니다

두기의 자백

내가 자릴 잡고 살아오는 동안
옆에 나도 모르는 사이
이사 온 풀씨가
잎사귀를 피워 올려놓고 있었습니다

그가
산다고
너무 무관심 했나 봅니다

미안해서
악수를 청했습니다

전 잡초입니다
통성명을 나누고 나니
한결 마음 가벼웠습니다

이방인의 독백

어서
풀꽃을 피어 올려
저쪽 집에
꽃 한 송이
선물해야겠습니다

서로
나누어가며
살아가는 것도
풀씨로서
할 수 있는
행복이
아닐까요?

이방인의 독백

오늘은 손님이 오네요 비님이
이렇게 반가울 수가

비님이 가져온 이 선물은
제가 꼭 필요한 것이었기에

나도 무엇인가 보답하고 싶은데
가진 것이 없네요 미안해요

나중에 제가
푸르게 자라나면
저의 푸른 잎사귀를 선물할게요

제가 줄 수 있는 건
오직 제 스스로 만든
푸른 마음과 제 영혼뿐이에요

풀씨의 고백

오늘 그대 소식 들었었어요
벌레들에게 온몸이
상처 났다는 소식을

걱정 되네요
그댈 사랑하는데
그렇게 되시다니

하지만 힘내세요
제가 있잖아요
우리의 사랑이 있잖아요

언제나 그댈 사랑하는 마음으로
그대만을 생각하고
그댈 위해 간절한 기도해 줄께요

어서 쾌유되어
우리가 이루고자 했던
푸른 풀밭을 일구어 나가요

힘내세요 내 사랑하는 당신

두기의 자백

그리운 이 하나 생겼습니다
눈을 감아도
푸른 잎사귀 당당하게 피어 올리고
마음 가득 채우는
그런 임이 내게 생겼습니다
그를 수줍게 바라보면
제 작은 풀씨의 심장은 마구 콩닥여요
한번만이라도 말을 걸어보았으면 하는
그런 풀잎입니다
홀로 조용히 눈빛 보내면
내 마음을 아는 듯 미소지어주는
그런 풀잎이 내겐 있습니다.
오늘은 꼭 말을 걸어야지 하고
결심했습니다.
하지만 부끄러운 걸요
살며시 손 내밀었다가
그가 보면 얼른 감추었습니다

　　　　　　풀씨의 고백

나의 잎사귀는 짙푸르게 달아올랐습니다

보기만 해도 행복한 당신

이렇게 몇날 며칠
애태우며 어쩌나 걱정됩니다

가만히 생각하다가
바람에게 편지를 써서 보냅니다

제 편지를 받고
꼭
꼭
답장주세요

두기의 자백

내가 겨우 뿌리내릴 때
송두리째 뽑아버릴 듯한
비바람도 가끔은 그리울 때가 있습니다

그 비바람을 그리워 할 수 있다는 것은
내 푸름이 그만큼 짙어졌다는 말이 되겠죠
그때 힘들어 포기라도 해버렸다면
이렇게 풀 잎사귀 피어 올려
하늘을 받치고 살순 없었겠죠

지금은 가끔 그때 생각하며 피씩 웃습니다
스스로 생각하기에도
참 잘 참았구나
참 잘했어 하는 생각에
내 잎사귀 끝에
생겨나는 자식들에게 이야기해 줍니다

풀씨의 고백

힘들었던 시간도
지나고 보면
아름답게 다가오는 이유는
지금 내가 열심히 살고 있단 증거가 아닐까요

오늘이 가고 내일이 가고

황금들판에서
붉은 노을 덥고 잠을 청할 때쯤이면
후손 풀씨 하나가
자기만의 세계를 열어가겠지요

그렇게 풀씨의 역사는 이루어지나 봅니다

두기의 자백

들판에도
도시 바람이 불어와
함께 지내는 민들레, 옆집 채송화
말도 없이 밤바람 타고 가버렸습니다

언제까지 함께
이 들판에서 살자고 약속했는데

하나 둘 떠나가니
그 친구들이 보고 싶어
엉엉 울고 말아버립니다

뿌리를 내릴 한 뼘도 없었던 그들의 들판
뿌리 내리기가 너무 힘들었나 봅니다

풀씨의 고백

얼굴도 모르는 그 누군가
풀씨들이 살던 자리에 붉은 말뚝 박아놓고
<접근금지>라고 하네요
우리가 주인인데 난데없이 저들이
주인이라 하니 기가 막혀요
포크레인이 우리 형제들을
마구마구 갈아엎어요
이제 어디로 가야하나요
도시로 도망가기에는 포크레인이 너무 가깝고
하지만 지켜낼 수 있어요
잘라내어도 또 이곳을 지켜내기 위해
다시 뿌리를 내리게 해요
도시로 떠나간 친구들이 돌아오면
반갑게 마중할래요
나조차 떠나면 그 친구들이
얼마나 허전할까요
오늘도 푸른 잎사귀 피워 올리기 위해
내 작은 자리를 다듬으렵니다

두기의 자백

나는 당신의 친구이길 바래요

내 작은 목소리가
그대에겐 노랫소리처럼 들리길 바래요
내가 피어 올린 풀 잎사귀들이
친구의 마음에 푸르름이 되길 바래요

나는 당신과 친구이길 바래요
어제 어디서 손 내밀면
언제나 손잡아 줄 수 있는
친구

풀씨의 고백

나는 당신과 친구이길 바래요
힘이 들면
제가 펼쳐놓은 풀 잎사귀에 누워
잠시라도 쉬게 할 수 있는 친구

남몰래 울고 싶을 때
저의 잎사귀에 얼굴 묻고
마음껏 울고 난 그 눈물을
조용히 위로해주는 친구

난 그런 친구가 될래요

두기의 자백

비에 젖어버렸어요
젖은 풀씨에도
이슬 같은 물방울이 맺혔네요

이슬이 미소 짓네요
나도 따라 웃어요
그냥 따라 웃어요
이슬이 나지막하게 말을 걸어오네요
나는 조용히 귀를 쫑긋 세워요
무엇을 말하는지 궁금하시죠

가리켜 주지 않을래요
이슬과 나만의 비밀이야기랍니다

나중에 나중에
제가 푸른 새싹 피어 올리면
그땐 자연히 아시게 될 거예요

풀씨의 고백

저와 이슬이 나누는
푸른 사랑이야기가
푸른 잎사귀로
세상을 누비게 된다는 이야기였습니다

그래도 궁금하시면
그가
뿌리내리려고 하는 곳을 자세히 보세요
아무것도
아닌 것 같았던
풀씨에도
신비의 생명이
사랑하는 가슴을 가지고 있는 것을

두기의 자백

먼 하늘 푸름 꿈들이 새록새록 들려와
풀씨의 가슴에 푸른 사랑이 깊어지고
한 조각구름 돛단배에 이야기 실어 보내면

저 멀리서 들려오는 목소리가
푸르게 대답해 주네요

그 소리 들으며
이 들판에서 끝없이 살았으면 좋겠네요

풀씨 손에 푸른 쟁반 들고
옹기종기 모여
사랑 나눌 식탁하나 장만해 놓고
그렇게 살았으면 좋겠네요

풀씨의 고백

살던 곳에서 여기까지 왔습니다
새로운 시간의 희망을 품고서 말입니다
여기에 온 것이 선물이 되었으면 좋겠네요

소중하게 품은 사랑처럼 그대에게
다가설 수 있는 미소였으면 좋겠습니다

살짝 불어오는 바람에 왈츠를 추며
그대에게 손 내밀고 싶어요

그 풀잎의 푸른 음악으로 내 마음 전하고
항상 그대 곁에서 푸름이 되는 기쁨으로
당신 곁에 머물고 싶어요
언제까지나 함께 머물고 싶어요

두기의 자백

세상에 보잘것없는 풀씨지만
세찬 비바람 속에서도
절벽보다 더 간절한
기도로 살고 싶습니다

세상에 내가 해줄 수 있는 건
너무 초라하지만

이렇게
악착스럽게
살아가는 모습 보여
작은 위안이 되었으면 좋겠습니다

풀씨의 고백

세상에 전해줄 말은
비록 얼마 안되지만

제 언어의 숨결이 산소가 되어
당신이 호흡하는 동안
작은 언어이고 싶습니다

세상에 비록 힘 있는
존재는 되지 못하지만

늘 푸름을 전해주고
진실한 마음으로
그대에게 힘이 되었으면 좋겠습니다

두기의 자백

날마다 하늘에다 편지를 써요
쪽빛하늘에
고향을 떠나 사막에서
힘겹게 뿌리내리고 있는 풀씨에게
어떻게 지내는지
지금 하늘을 보며 편지를 쓰지만
그 풀씨는
그 모래바람 속에서
고향을 그리워하며
얼마나
외롭게 살고 있을까요

부디 그곳에서도
풀씨로
굳건하게 푸른 잎사귀 피어 올렸으면...

                이방인의 독백

오늘도 편지를 쓰면서
걱정이 앞서네요

부디
잘 있다는 안부소식을
바람에 실어 보내주세요

부디
몸조심하시고
이만 줄일 게요

추신: 그대가 살던 그 자리에
 새로 이사 온 젊은 풀씨 부부가
 푸른 새싹을 피어 올렸어요

이방인의 독백

한두 계절을 살고 풀씨가 되었겠는가!

저자 김두기

뿌리를 내리려 얼마나 비바람과 싸웠겠는가.
오랜 계절을 살아내고도 풀씨로 생을 다하지 못하는
그런 슬픔 또한 얼마나 많았겠는가!
그럴수록 대지를 꼭 붙잡고 몸부림친 삶이었나.

희망 같은 기대는 높은 고갯길처럼 키 높이보다
수천수만 배로 높이 비탈져 있고 그럴수록
비바람과 싸워야한다는 까닭은 분명해졌지.
풀씨로 사는 것이 쉬운 일이 아니구나.

비바람에 온몸이 헐어갈수록 선명해지는
풀씨의 길을 걷는다.

내가 어떤 씨앗인지 몰라 오랫동안
겁먹은 마음으로 방황하고 있었지.
그 답을 알까. 바람에 휩쓸려 가는 것인가.

바람을 마주하면 점점 미궁 속으로 빠져드는
목마름의 세월 속에 딱딱하게 굳어 가는
껍질을 버릴 수 없어서
바람에 휩쓸려가고 있는 것인가.
그렇게 방황하다 어느 강가에서 날 보았지.

너무 작은 육신에 고독이 눈동자를 잡은 체
외로이 걷고 있는 모습,

아! 이제야 보았다. 내가 풀씨였음을……

■ **샘물서평** ■

풀씨, 현실과 꿈의 이중주
- 김두기 시인의 『풀시詩-풀씨의 꿈』을 찾아

차 용 국 (시인·문학평론가)

　시는 삶의 반영이다. 삶은 밥과 꿈으로 살아간다. 삶은 현실과 희망의 경계에서 꽃을 피우고 유전하는 치열한 몸짓이다. 꿈은 기억과 소망으로 만들어가는 세계다. 김두기 시인은 『풀시詩-풀씨의 꿈』에서 사려 깊은 관찰과 성찰을 통해 그것을 찾아 보여준다. 그가 노래하는 '풀씨'의 삶이 깊은 울림으로 전해지는 것은 그것이 곧 우리의 인생이기 때문일 것이다. 현실과 꿈의 이중주로 어우러진 풀씨의 노래는, 그래서 늘 신비와

경이로움으로 가득하다.

  풀씨는 생명이다. 풀씨는 삶의 의지다. 풀씨는 생명의 꽃을 피우기 위해 미리 터전을 선택할 수는 없다. 어느 곳에 뿌리를 두었건 최고의 꽃을 피우고 새 생명을 탄생시킨다. 그래서 풀씨의 삶은 역동적이고, 거룩한 창조의 근원이다.

> 이제 좀 더 멀리
> 더 넓은 곳으로 걸어가서
> 푸른 세상을 만들어야 하겠지
>
> 그리고 풀밭에
> 푸른 생명 하나 새롭게
> 탄생시켜야 하겠지
>
>   - 「p29」일부

  풀씨는 홀로 화려한 삶을 꿈꾸지 않는다. 풀씨는 권력과 재력의 탑을 지키기 위해 어두운 밤

에 홀로 탑돌이 하지 않는다. 풀씨는 민중이다. 풀씨는 민중과 함께 살아감에 감사할 줄 안다. 풀씨는 소박한 민중이 함께 살아가는 겸손한 지혜를 안다. 풀씨는 남과 어울려 살아가는 행복의 가치를 안다. 풀씨로 살아온 사람만이 풀씨로 살아가는 사람의 기쁨과 슬픔을 공감하고 공유하며 서로 기댈 수 있다는 것을 안다. 풀씨는 "남을 행복하게 해주는 것은 남에게 향수를 뿌리는 것과 같다."는 것, 그러나 "뿌릴 때 자기에게도 향수가 스며든다."는 탈무드의 지혜를 이미 안다.

> 상처가 깊을수록 새살이 차는 것에 감사합니다
> 푸른 꿈속에는 생명의 소중함이
> 새록새록 돋아나네요
> 서로 어울려 살아가는 사람들처럼
> 대지 위에 뿌리를 내리고
> 서로 낯 익은 얼굴과 함께
> 푸른 잎사귀 피어 올려

잡초라고 이름이 불릴망정
　　난 살아갈래요

　　　　　　　　　　　　　　　　　- 「p23」 전문

　시인은 사람의 가슴에 씨를 뿌리는 사람이다. 심안 밝은 김두기 시인이 삶을 성찰하며 뿌리는 풀씨의 시어는 메마른 대지를 적시는 단비와 같다. 만물의 근원인 씨앗과 인간사 삶의 근원인 글이 하나로 어울려 시가 이루기 때문일 것이다. 그래서 그의 시에는 늘 진솔한 삶과 희망이 일렁인다.

　　작은 풀씨의 창가에는
　　늘 희망 같은 꽃잎이 보이고
　　언제나 켜놓은
　　작은 촛불이 일렁입니다

　　　　　　　　　　　　　　　　　- 「p20」 일부

풀씨의 꿈을 아시죠? 그 마음을…
- 풀시詩, 김두기 시인의 갬치 시집

박 선 해(시인 · 발행인)

 풀씨의 동행, 내가 아파할 때 바람만이 살며시 다가와 위로해주었지요. 심장이 부서질 듯한 고통에도 늘 함께해 주는 바람이 있었습니다. 서로에 대한 믿음이 있었나 봐요. 통증을 잊어 갈 때쯤 함께해준 것에 감사합니다.

 그래, 믿어보길 잘했다고 하는 뿌듯한 아침이 있었습니다. 솟아오르는 일출에 이제는 함께 갈 수 있다고 말해봅니다. 어느 날 또 이 고통의 바다에는 나와 비슷한 아픔이 있겠지요. 눈물 흘리

며 간절함의 믿음으로 살아내겠지만요. 그렇게 바람은 불고 또 불어가면서 내일을 향해 가나봅니다. 그 씨앗의 꿈은 풀이 되어 보는 곧 <풀씨의 꿈>이겠습니다.

씨앗이 된 풀의 씨는 바람과 물 따라 나뭇결에 낙엽 깃에 멎습니다. 그리곤 아래의 흙에서 흙으로 묻혀 맺혀 떠돌이가 되지요.

내려다보는 꿈은 크면서 닿은 곳에 움 트임을 시작합니다. 자라나는 희열을 볼 것입니다. 그러고는 풀이 됩니다. 이어서 풀이 흘러갑니다. 바람을 타고 먼 길을 가기도 합니다.

세상의 틈이 있는 곳이면 좋은 곳 나쁜 곳 가리지 않습니다. 한번은 살아보려고 살다가 살다가 자연으로 되돌아가지요. 원하든 원치 않든 소

멸되어 지는 것도 소망하는 삶이어서입니다.

여린 풀씨로 풀잎 만들어 봅니다. 세상은 억센 줄기로 바람을 막아서는 것도 있습니다. 하지만 자신이 우리가 지닌 것은 여리고 간절합니다. 꿈 하나가 유일합니다. 더 푸르고 더 생명력은 깊습니다. 풀잎으로 오늘도 하늘 보면서 살아가는 이야기 하고자 합니다.

풀의 하루가 더 아름다워지도록 하고 싶다합니다. 그 마음 김두기 시인의 갬치에서 여러분께 나오려 합니다. 여린 줄기를 꺼내어 한 구절 한 구절 흔들어 봅니다. 여러분과 함께 동행의 길 위에서 풀 향내 나기를 바래봅니다.

"풀의 시로 풀씨의 꿈을 들여다보며 존재한다는 것을 봅니다. 삶이 있다는 것을 자연에 읽습니다." 그리고 풀씨의 생각을 들여다보게 됩니다. 하늘 아래 머문 곳이 집입니다. 지붕도 필요치 않았지요.

그저 작은 흙무더기 조금 있으면 살아갈 수 있습니다. 비바람이 때려 아프게 할 때도 탓하지 않았습니다. 풀씨는 푸름을 키우기 위함이라 여겼겠지요.

오늘도 바람을 읽고 하늘을 읽고 풀잎의 꿈을 읽으면서 여린 줄기를 잡아준 대지에 감사하며 남은 푸름을 다하려 합니다. 풀씨의 꿈을 위한 풀시詩를 키우는 김두기 시인입니다.

그의 갬치 시집 출간을 축하드립니다.
더불어 풀시詩를 응원합니다.